BEI GRIN MACHT SI
WISSEN BEZAHLT

- Wir veröffentlichen Ihre Hausarbeit,
  Bachelor- und Masterarbeit

- Ihr eigenes eBook und Buch -
  weltweit in allen wichtigen Shops

- Verdienen Sie an jedem Verkauf

Jetzt bei www.GRIN.com hochladen
und kostenlos publizieren

Bibliografische Information der Deutschen Nationalbibliothek:

Die Deutsche Bibliothek verzeichnet diese Publikation in der Deutschen National-
bibliografie; detaillierte bibliografische Daten sind im Internet über http://dnb.d-
nb.de/ abrufbar.

Impressum:

Copyright © 2016 GRIN Verlag, Open Publishing GmbH
Druck und Bindung: Books on Demand GmbH, Norderstedt Germany
ISBN: 9783668423107

Dieses Buch bei GRIN:

http://www.grin.com/de/e-book/356578/hans-jonas-gottesbegriff-nach-auschwitz-
ein-klaerungsversuch-der-theodizeefrage

Anonym

Hans Jonas' Gottesbegriff nach Auschwitz. Ein Klärungsversuch der Theodizeefrage

GRIN Verlag

GRIN - Your knowledge has value

Der GRIN Verlag publiziert seit 1998 wissenschaftliche Arbeiten von Studenten, Hochschullehrern und anderen Akademikern als eBook und gedrucktes Buch. Die Verlagswebsite www.grin.com ist die ideale Plattform zur Veröffentlichung von Hausarbeiten, Abschlussarbeiten, wissenschaftlichen Aufsätzen, Dissertationen und Fachbüchern.

Besuchen Sie uns im Internet:

http://www.grin.com/

http://www.facebook.com/grincom

http://www.twitter.com/grin_com

Hans Jonas' Gottesbegriff nach Auschwitz

Ein Klärungsversuch der Theodizeefrage

Seminar: Theodizee - Gott und das Leid

GPO 1

8.Fachsemester

Hauptfach

Inhaltsverzeichnis

1. Einleitung

Im Laufe der Menschheitsgeschichte kam es immer wieder zu Katastrophen, Kriegen und Hungersnöten. Aktuell wird die Welt durch Terror und Angst bedroht, Millionen Menschen befinden sich auf der Flucht aus ihrer Heimat.

Die Frage nach dem Leid in der Welt und wie ein Gott diese zulassen kann, beschäftigt die Menschen dadurch schon immer. Die Religionen haben im Laufe der Zeit die unterschiedlichsten Theorien entworfen, wie diese scheinbar widersprüchlichen Dinge in Einklang gebracht werden können. Der Versuch einer Rechtfertigung Gottes angesichts des Leids in der Welt wird mit dem Begriff der Theodizee umschrieben.

Durch die Geschehnisse des 2.Weltkrieges erreichten diese Überlegungen jedoch eine neue Stufe. Eine weitere Steigerung des Leids und der Gewalt, die die Menschen ratlos zurück lässt. Auschwitz steht wie kein zweites Bild für diese grausame Zeit. Dem Hass der Nationalsozialisten fielen nicht nur Millionen von Juden zum Opfer. Gerade jedoch für sie, das von Gott auserwählte Volk, entsteht hier ein Konflikt, der unlösbar erscheint. Welcher Gott kann so etwas zulassen? Noch dazu mit seinem auserwählten Volk?

Hans Jonas, einer der bedeutendsten Philosophen des 20.Jahrhunderts, war selbst Jude und persönlich von den Ereignissen betroffen. Er beschäftigte sich mit diesen Fragen, da er seinen Glauben an Gott nicht aufgeben wollte. In einer Festrede zur Verleihung des Dr. Leopold-Lucas-Preises der Evangelisch-theologischen Fakultät der Eberhard-Karls-Universität Tübingen im Jahre 1984 ging er dem Gottesbegriff nach Auschwitz nach. Schon rein begrifflich lässt sich hier ein Bruch erkennen, zwischen der Zeit vor Auschwitz und danach. Die Ereignisse haben offensichtlich zu einem Überdenken des Gottesbildes bei ihm geführt.

In der folgenden Arbeit werde ich mich zuerst mit Auschwitz beschäftigen und wofür dieser Begriff heute steht. Anschließend werde ich die Theodizeefrage definieren und genauer beleuchten. Zentrum der Ausarbeitung bildet die Rede von Hans Jonas. Nach einer kurzen Vorstellung von Jonas werde ich die Inhalte seines Vortrages erläutern und diesen abschließend kritisch analysieren.

2. Auschwitz als Symbol für den Holocaust

Auschwitz steht heute für mehr als nur ein Vernichtungslager. Das Wort wurde zu einem Symbol für den gesamten Holocaust. Die Nationalsozialisten richteten ihren Hass vor allem auf die jüdische Bevölkerung. Knapp 6 Millionen Juden wurden auf grausame Art ermordet.

Schon vor der Machtergreifung der NSDAP im Jahre 1933 richtete die Partei sich deutlich gegen die deutschen Juden, sprach bereits 1920 davon, ihnen die deutsche Staatsbürgerschaft abzuerkennen und sie unter die Fremdengesetzgebung zu stellen. [1] Nach 1933 verschärfte sich unter dem Begriff *Lösung der Judenfrage* die Situation für die jüdische Bevölkerung. Durch Entrechtung, Ausgrenzung, Diskriminierung und Vertreibung kam die Maschinerie der Nationalsozialisten unaufhaltsam ins Rollen. Verstärkt wurde dies 1935 durch die Nürnberger Gesetze. [2]

Ab dem Jahr 1939 hatten jüdische Bürger in Deutschland keine Rechte mehr. Sie durften keine öffentliche Verkehrsmittel nutzen, keine Rechtmittel einlegen und ihr Eigentum wurde dem Staat vermacht. Jedoch konnten sie bis zu diesem Zeitpunkt noch offiziell auswandern. [3] 1941 wurde eine *Gesamtlösung der Judenfrage* gesucht. Während einer Gauleitertagung 1943 sprach Heinrich Himmler in erschreckender Offenheit über die Ermordung der Juden.

> *„Der Satz, die Juden müssen ausgerottet werden, mit seinen wenigen Worten, meine Herren, ist leicht ausgesprochen. Für den, der es ausführen muss, was er fordert, ist es das Allerhärteste und Schwerste, was es gibt... Es trat an uns die Frage heran: Wie ist es mit den Frauen und Kindern? Ich habe mich entschlossen, auch hier eine ganz klare Lösung zu finden. Ich hielt mich nämlich nicht für berechtigt, die Männer auszurotten - sprich also, umzubringen oder umbringen zu lassen - um die Rächer in Gestalt der Kinder für unsere Söhne und Enkel groß werden zu lassen. Es musste der schwere Entschluss gefasst werden, dieses Volk von der Erde verschwinden zu lassen."* [4]

Abschließend sprach er davon, dass die Judenfrage in den von Deutschland besetzten Ländern bis Ende des Jahres vollständig geklärt sei. Hier wird mit aller Deutlichkeit klar, wie unverfroren mit dem Leben der jüdischen Bevölkerung umgegangen wurde, egal ob Mann, Frau oder Kind. Die Menschen wurden massenhaft in Ghettos und Vernichtungslager

---

[1] Vgl. Lichtenstein, Heiner; Romberg, Otto R. (Hg.) (1995): Täter - Opfer - Folgen. Der Holocaust in   Geschichte und Gegenwart. S.38
[2] Vgl. Lichtenstein, Heiner; Romberg, Otto R. (Hg.) (1995): Täter - Opfer - Folgen. Der Holocaust in Geschichte und Gegenwart. S.12
[3] Vgl. Lichtenstein, Heiner; Romberg, Otto R. (Hg.) (1995): Täter - Opfer - Folgen. Der Holocaust in Geschichte und Gegenwart. S.38
[4] Lichtenstein, Heiner; Romberg, Otto R. (Hg.) (1995): Täter - Opfer - Folgen. Der Holocaust in Geschichte und Gegenwart. S.38

deportiert. Insgesamt zählten 3 der Vernichtungslager zu Auschwitz. Auschwitz-Birkenau war das größte Lager, industriemäßig aufgebaut und im Stande, 10 000 Häftlinge an einem einzigen Tag zu ermorden. Sie wurden mit Hilfe eines Ungeziefervertilgungs- und Entwesungsmittels vergast. [5] Zusätzlich diente das Lager noch als Zwangsarbeitslager. Unter katastrophalen Bedingungen wurden die Menschen wie Tiere zusammengesperrt, erlitten Hunger, Schläge und erniedrigende hygienische Bedingungen.

Dies spiegelt wieder, wie entmenschlicht die Opfer wurden. Wie viele Menschen in Auschwitz den Tod fanden, lässt sich nicht genau nachvollziehen. Die Zahl wird auf 1 - 1,5 Millionen geschätzt. [6] Unter ihnen auch Hans Jonas Mutter und Dorothea Lucas, die Ehefrau von Leopold Lucas (Leopold-Lucas-Preis).

3. Die Theodizeefrage

Die Problematik mit Gott und dem Leid in der Welt ist eine der wichtigsten theologischen Fragen in nahezu allen Religionen. Wenn es einen allmächtigen Gott gibt, wieso greift er nicht ein? Konnte er nicht eine bessere Welt erschaffen, ohne Böses und Leid? Dies sind typische Fragen, denen sich der Glaube stellen muss.

Der Begriff *Theodizee* wurde von Gottfried Wilhelm Leibniz gebildet (1646 - 1716). Das Wort wurde aus den beiden griechischen Wörtern *theos - Gott* und *dike - Gerechtigkeit* gebildet. *Dike* bezieht sich sowohl auf die Rechtsprechung, als auch auf die Rechtfertigung. [7] Leibniz erläuterte dies in seinen *Abhandlungen zur Rechtfertigung (Théodicée) Gottes, die Freiheit des Menschen und den Ursprung des Übels.*

Im Alten Testament überwiegte die Auffassung des Tun-Ergehens-Zusammenhang. Leid galt als eine gerechte Strafe Gottes für Ungehorsam und schlechte Taten. Gottes Gerechtigkeit steht hier im Mittelpunkt. Besonders im jüdischen Glauben ist diese Auffassung des Leids tief verankert. Als diese Antwort angesichts des Leids Unschuldiger auf der Welt jedoch nicht mehr ausreichte, musste man neue Lösungsansätze suchen. Doch bis heute bleiben die Antworten schwierig bis unlösbar.

Um die Theodizeefrage anzugehen, muss man sich zuerst ihre Voraussetzungen anschauen. Auf der Welt gibt es Übel, sowohl physische, als auch moralische. Unser Gottesbegriff setzt voraus, dass Gott existiert, allmächtig und gut ist. Doch gerade an diesem Gottesbild werden immer wieder Zweifel laut.

---

[5] Vgl. Lichtenstein, Heiner; Romberg, Otto R. (Hg.) (1995): Täter - Opfer - Folgen. Der Holocaust in Geschichte und Gegenwart. S.43
[6] Vgl. Lichtenstein, Heiner; Romberg, Otto R. (Hg.) (1995): Täter - Opfer - Folgen. Der Holocaust in Geschichte und Gegenwart. S.43
[7] Vgl. Böhnke, Michael (Hg.) (2007): Leid erfahren - Sinn suchen. Das Problem der Theodizee. S.73

„Entweder will Gott das Böse nicht verhindern, obwohl er es könnte - dann ist er nicht gut; oder er will es, kann es aber nicht - dann ist er nicht allmächtig; oder er will es weder noch kann er es - dann ist er weder mächtig noch gut. Ist er jedoch nicht allmächtig oder nicht gütig, dann ist es auch nicht Gott. Weil es aber nun unleugbar das Böse, Leid, Übel und Schuld in der Welt gibt, sie folglich nicht verhindert werden, kann es keinen Gott geben." [8]

Sextus Empiricus (um 150 n. Chr.)

Wer Gott jedoch nicht aufgeben möchte, muss versuchen einen anderen Weg zu finden, alle Aspekte miteinander zu verbinden. Leibniz beschreibt dieses Dilemma damit, dass Gott die beste aller möglichen Welten geschaffen hat. Hätte er nicht erkennen können, welche die Bestmögliche ist, wäre er nicht allwissend. Hätte er sie schlicht nicht umsetzen können, so wäre er nicht allmächtig. Wenn er seiner Schöpfung diese einfach versagt hätte, wäre er nicht allgütig. Hans Jonas geht bei seinem Gottesbegriff nach Auschwitz auch von den Voraussetzungen der Theodizee aus, kommt jedoch zu anderen Erkenntnissen, geprägt von der jüdischen Theologie und gezeichnet von den Ereignissen des 2.Weltkrieges.

4. Hans Jonas

Hans Jonas, geboren am 10.Mai 1903 in Mönchengladbach, war Sohn eines jüdischen Textilfabrikanten. Er genoss eine gute Ausbildung und begann 1921 sein Studium der Philosophie in Freiburg, später studierte er zusätzlich Theologie. Hier kam er mit Persönlichkeiten wie Martin Heidegger und Rudolf Bultmann in Kontakt. 1928 beendete er seine Promotion in Marburg mit der Arbeit *Der Begriff der Gnosis*.

Als die Nationalsozialisten an die Macht kamen, emigrierte Jonas 1933 mit 30 Jahren schweren Herzens nach London, da er ein würdiges Leben als Jude in Deutschland als nicht mehr möglich ansah. Seine Eltern blieben in Deutschland. Während seiner Forschungsarbeit kam er auch nach Jerusalem, wo er als Dozent an der Hebräischen Universität unterrichtete. Die ganze Zeit arbeitete er weiter an seinen Werken über die Gnosis.

Von 1940-1945 war er Soldat der britischen Armee und kam so zurück nach Deutschland. Hier erfuhr er von der Deportation seine Mutter und ihrem Tod in Auschwitz. Sie hatte ihren eigenen Ausreiseantrag auf ihren jüngsten Sohn Georg umschreiben lassen, der zu dieser Zeit in Dachau inhaftiert war. Georg gelang somit die Entlassung. [9] Dieses Ereignis hat Jonas schwer gezeichnet.

---

[8] Böhnke, Michael (Hg.) (2007): Leid erfahren - Sinn suchen. Das Problem der Theodizee. S.7
[9] Vgl. Rommel, Herbert (2011): Mensch - Leid - Gott. Eine Einführung in die Theodizee-Frage und ihre Didaktik. S.162

Er war politisch sehr engagiert und unterstütze 1948 die israelische Armee bei den Befreiungskriegen.

In den folgenden Jahren veröffentlichte Jonas zahlreiche Bücher. Er arbeitete als Professor an verschiedenen kanadischen Universitäten und übernahm dann eine Professur in New York. 1987 erhielt er den Friedenspreis des Deutschen Buchhandels, das große Bundesverdienstkreuz und die Ehrenbürgerwürde der Stadt Mönchengladbach, sowie einige weitere Auszeichnungen. Am 5.Februar 1993 starb er in seinem Haus in New Rochelle bei New York.[10]

Heute gilt er als ein bedeutender Philosoph und Religionshistoriker. Besonders durch seine Philosophie der Verantwortung erlangte er große Berühmtheit und förderte Umweltbewusstsein und Nachhaltigkeit.

„Handle so, dass die Wirkungen deiner Handlungen verträglich sind mit der Permanenz echten menschlichen Lebens auf Erden."[11] (Hans Jonas: Das Prinzip Verantwortung)

5. Der Gottesbegriff nach Auschwitz

5.1 Die Rede

Hans Jonas hielt 1984 die Festrede zur Verleihung des Dr. Leopold-Lucas-Preises der Evangelisch-theologischen Fakultät der Eberhard-Karls-Universität Tübingen. Hier versucht er einen Weg zu finden, auch nach Auschwitz noch von Gott reden zu können.

Dr.Leopold Lucas war Rabbi und selbst eines der Opfer der Nationalsozialisten. Er starb am 13.September 1943 in Theresienstadt. Seine Frau Dorothea wurde nach Auschwitz deportiert, wo auch Hans Jonas Mutter den Tod fand. Somit drängte sich Jonas dieses Thema für seine Rede auf, auch wenn er es „mit Furcht und Zittern" [12] auswählte. Er fühlte sich dazu verpflichtet, das Leid der ermordeten Juden aufzugreifen. Selbst sagt er dazu zu Beginn seiner Rede, „...aber ich glaubte es jenen Schatten schuldig zu sein, ihnen so etwas wie eine Antwort auf ihren längst verhallten Schrei zu einem stummen Gott nicht zu versagen." [13] Er möchte dies in einem „Stück unverhüllt spekulativer Theologie" [14] versuchen.

Eine Frage gilt es für Hans Jonas noch zu stellen, bevor er sich dem Gottesbegriff zuwendet. Im Laufe der Geschichte kam es immer wieder zu schrecklichen Ereignissen, oft auch durch

---

[10] Vgl. http://www.hans-jonas-zentrum.de/hj/jonas.html#top
[11] http://www.hans-jonas-zentrum.de/bibl/biblio1.html
[12] Jonas, Hans (1987): Der Gottesbegriff nach Auschwitz. Eine jüdische Stimme. S.7
[13] Jonas, Hans (1987): Der Gottesbegriff nach Auschwitz. Eine jüdische Stimme. S.7
[14] Jonas, Hans (1987): Der Gottesbegriff nach Auschwitz. Eine jüdische Stimme. S.7

Menschenhand verursacht. Und doch hat dieses einen besonderen Stellenwert. „Was hat Auschwitz dem hinzugefügt, was man schon immer wissen konnte vom Ausmaß des Schrecklichen und Entsetzlichen, was Menschen anderen Menschen antun können und es seit je getan haben?" [15] Und was macht es so besonders in der tausendjährigen Leidensgeschichte der Juden? Jonas führt nun einige Erklärungsversuche für das Leid vergangener Tage an. Lange Zeit wurde die Theodizeefrage von den Juden damit beantwortet, dass das von Gott auserwählte Volk ihm untreu geworden wäre und Leid die Strafe dafür darstelle. Diese Theorie wurde gefolgt von der Zeugenschaft, ein Begriff aus der Makkabäerzeit. Diese besagt, dass gerade die Unschuldigen und Gerechten das meiste Leid erfahren. Viele Märtyrer starben noch bis weit in das Mittelalter und wurden als Heilige gefeiert. Durch das Bekenntnis zur Einheit Gottes, dem *Sch'ma Jisrael* sollte das „Licht der Verheißung" [16] leuchten, der Erlösung des erwarteten Messias. Beide Versuche das Theodizeeproblem zu lösen greifen hier laut Jonas nicht mehr.

Weder eine Strafe Gottes, noch der Märtyrergedanke könne die Schreckenstaten von Auschwitz rechtfertigen. Dies belegt er unter anderem damit, dass auch unschuldige Kinder ermordet wurden, die weder bestraft werden mussten, noch im Namen Gottes sterben wollten. Hier ging es nicht mehr um Glaube oder Individuen. Jonas sagt dazu: „Dehumanisierung durch letzte Erniedrigung und Entbehrung ging dem Sterben voran, kein Schimmer des Menschenadels wurde den zur Endlösung Bestimmten gelassen, nichts davon war bei den überlebenden Skelettgespenstern der befreiten Lager noch erkennbar." [17]

Die Juden waren das große Opfer der Nationalsozialisten. Dass gerade sie vernichtet werden sollten, birgt aus theologischer Sicht große Schwierigkeiten für den jüdischen Glauben. Sie selbst verstehen sich als das von Gott auserwählte Volk Israel. Nun wurden sie wieder auserwählt und versammelt. Jedoch mit einem bestialischen und grausamen Ziel. Wer auf diesen Zusammenhang stößt, gerät in ein Dilemma. Jonas bezeichnet dies als die Umkehrung der Erwählung in den Fluch:

„Und doch - Paradox der Paradoxe - war es das alte Volk des Bundes, an den fast keiner der Beteiligten, Töter und selbst Opfer, mehr glaubte, aber eben gerade dieses und kein anderes, das unter der Fiktion der Rasse zu dieser Gesamtvernichtung ausersehen war: die gräßlichste Umkehrung der Erwählung in den Fluch, der jeder Sinngebung spottete." [18]

---

[15] Jonas, Hans (1987): Der Gottesbegriff nach Auschwitz. Eine jüdische Stimme. S.10
[16] Jonas, Hans (1987): Der Gottesbegriff nach Auschwitz. Eine jüdische Stimme. S.11
[17] Jonas, Hans (1987): Der Gottesbegriff nach Auschwitz. Eine jüdische Stimme. S.12-13
[18] Jonas, Hans (1987): Der Gottesbegriff nach Auschwitz. Eine jüdische Stimme. S.13

Doch was für ein Gott könnte dieses Leid geschehen lassen? Der jüdische Glaube ist stark auf das Diesseits ausgerichtet, Gott ist der Herr der Geschichte. Doch dieser Gott ist nun laut Jonas kaum noch denkbar. Um ihn nicht aufgeben zu müssen, soll der Gottesbegriff und die alte Hiobsfrage noch einmal überdacht werden.

5.2 Der selbsterdachte Mythos

Um den Gottesbegriff neu zu überdenken, behilft sich Jonas mit einem Mythos. Diesen hat er einmal bei der Beantwortung der Frage nach der Unsterblichkeit zu Rate gezogen. Dadurch fällt es leichter, sich auf die spekulativen Gedanken einzulassen, die sonst in der Religion eigentlich undenkbar sind.

Der Mythos beginnt mit der Schöpfungsgeschichte. Als Gott die Erde schuf, gab er sich dieser völlig hin. Er entschied sich, „dem Zufall, dem Wagnis und der endlosen Mannigfaltigkeit des Werdens" [19] freien Lauf zu lassen. Er tat dies in einem Akt der Selbstentäußerung, hielt nichts von sich zurück. Doch was bedeutet das für die Menschen? Gott verzichtet auf jede Form der Einflussnahme. Er liefert sich dem Weltverlauf völlig aus. Somit nimmt er die Autonomie der Welt und der Menschen ernst. Nur so ist der freie Wille denkbar.

„Wenn Gott und Welt einfach identisch sind, dann stellt die Welt in jedem Augenblick und jedem Zustand seine Fülle dar, und Gott kann weder verlieren noch gewinnen. Vielmehr, damit Welt sei, und für sich selbst sei, entsagte Gott seinem eigenen Sein; er entkleidete sich seiner Gottheit, um sie zurückzuempfangen von der Odyssee der Zeit, beladen mit der Zufallsernte unvorhersehbarer zeitlicher Erfahrung, verklärt oder vielleicht auch entstellt durch sie." [20]

In dieser Passage der Rede spricht Jonas sogar davon, dass Gott sich selbst entsagt hätte. Offensichtlich hält er es für notwendig, hier eine radikale Umdeutung des bisherigen Gottesbegriffs vorzunehmen. Jedoch will Gott die *Welt zurückempfangen*, mit allem, was sie in der Zwischenzeit durchlaufen hat.

Durch den Beginn des Lebens auf der Erde entstand nach Jonas „eine neue Sprache der Welt" und „ein Wiedererwerb der Fülle" [21] der Gottheit. Er beschreibt dies als „ein zögerndes Auftauchen der Transzendenz aus der Undurchsichtigkeit der Immanenz." [22] Gott ist immer noch völlig eins mit der Erde, doch durch den Erfolg der Schöpfung gewinnt er neue Kraft.

---

[19] Jonas, Hans (1987): Der Gottesbegriff nach Auschwitz. Eine jüdische Stimme. S.15
[20] Jonas, Hans (1987): Der Gottesbegriff nach Auschwitz. Eine jüdische Stimme. S.16-17
[21] Jonas, Hans (1987): Der Gottesbegriff nach Auschwitz. Eine jüdische Stimme. S.18
[22] Jonas, Hans (1987): Der Gottesbegriff nach Auschwitz. Eine jüdische Stimme. S.17-18

Nun könne er endlich sagen, dass die Schöpfung gut sei. Doch mit dem Leben kam auch der Tod. Jonas sieht den Tod als Preis des Seins an. Das Leben war nie dazu geschaffen, unendlich zu sein. „Aber eben im kurz behaupteten Selbst-Fühlen, Handeln und Leiden endlicher Individuen, das vom Druck der Endlichkeit erst die ganze Dringlichkeit und damit die Frische des Empfindens bezieht, entfaltet die göttliche Landschaft ihr Farbenspiel und kommt die Gottheit zur Erfahrung ihrer selbst." [23] Der Tod gibt dem Leben erst seine Bedeutung.

Jonas Mythos spricht von einem Gott, der sich entwickelt, der mit seiner Schöpfung wächst und den Lauf der Geschichte nicht beeinflussen kann. „Jede in ihrem Lauf sich neu auftuende Dimension der Weltbeantwortung bedeutet eine neue Modalität für Gott, sein verborgenes Wesen zu erproben und durch die Überraschungen des Weltabenteuers sich selbst zu entdecken." [24] Doch mit dem Beginn der Menschen wurde eine weitere Schwelle überschritten. Durch Wissen und Freiheit ist die Unschuld der göttlichen Schöpfung nicht mehr haltbar. Jonas lässt hier ein recht negatives Bild der menschlichen Taten entstehen, sicherlich geprägt durch Auschwitz. So sagt er beispielsweise: „Und in diesem furchterregenden Auftreten seiner Taten auf das göttliche Geschick, ihrer Wirkung auf den ganzen Zustand des ewigen Seins, besteht die menschliche Unsterblichkeit." [25] Alles was die Menschen tun, geht auf Gott über, sowohl das Gute, als auch das Böse. Konnte die Gottheit laut Jonas anfangs weder verlieren noch gewinnen, so liegt der Ausgang der Schöpfung nun in der Hand des Menschen. Er trägt die Verantwortung, auch für das Schicksal Gottes. Und doch möchte Gott sich der Menschheit mitteilen, um sie werben und an sie appellieren, die Schöpfung zu Erfolg zu führen, auch wenn er nicht aktiv in das Geschehen eingreifen kann. „Denn könnte es nicht sein, daß das Transzendente durch den Widerschein seines Zustandes, wie er flackert mit der schwankenden Bilanz menschlichen Tuns, Licht und Schatten über die menschliche Landschaft wirft?" [26]

Damit endet der selbsterdachte Mythos von Hans Jonas. Er erklärt, dass er im folgenden versuchen wird, seine spekulativen Gedanken mit dem jüdischen Glauben zu verknüpfen. Er will das „Bildliche ins Begriffliche" [27] übersetzen. Daraus ergeben sich einige Konsequenzen für das klassische Gottesbild der Juden.

---

[23] Jonas, Hans (1987): Der Gottesbegriff nach Auschwitz. Eine jüdische Stimme. S.19
[24] Jonas, Hans (1987): Der Gottesbegriff nach Auschwitz. Eine jüdische Stimme. S.20
[25] Jonas, Hans (1987): Der Gottesbegriff nach Auschwitz. Eine jüdische Stimme. S.23
[26] Jonas, Hans (1987): Der Gottesbegriff nach Auschwitz. Eine jüdische Stimme. S.24
[27] Jonas, Hans (1987): Der Gottesbegriff nach Auschwitz. Eine jüdische Stimme. S.24

5.2.1 Konsequenzen für das Gottesbild

5.2.1.1 Der *leidende Gott*

Wenn wir von einem Gott ausgehen, der mit seinen Geschöpfen leidet, so unterscheidet sich dies grundlegend von der biblischen Vorstellung. Jonas unterscheidet hier zwischen dem christlichen Gott, der als Jesus Christus auf die Erde kam um die Christen zu erlösen und einem dauerhaft leidenden Gott. Er leidet „vom Augenblick der Schöpfung an" [28]. Hier entsteht ein großer Unterschied. Es entfernt sich insofern von der klassischen Auslegung, dass Gott aktiv mit seinen Kreaturen mitleidet, und zwar radikal und mit seinem ganzen Wesen. Dies ist für Jonas kein Widerspruch zur biblischen Tradition. Gott hat schon immer um sein auserwähltes Volk getrauert, wenn es ihm untreu geworden war.

5.2.1.2 Der *werdende Gott*

In der nächsten Konsequenz für das Gottesbild geht Jonas noch einen Schritt weiter. Hier wird eine deutliche Unterscheidung zum Bisherigen deutlich. Gott besitzt kein absolutes Sein. Er entwickelte sich mit der Zeit und auch mit seiner Schöpfung. Für ihn ist diese Umdeutung sogar besser mit der Bibel vereinbar. Das Geschehen auf der Erde beeinflusst Gott, damit ist sein Werden schon gegeben. Durch das Entstehen von Leben hat sich das Interesse Gottes und seine Beziehung zu seinem Werk verbessert. „So viel an 'Werden' wenigstens müssen wir Gott zugestehen, wie in der bloßen Tatsache liegt, daß er von dem, was in der Welt geschieht, affiziert wird, und 'affiziert' heißt alteriert, im Zustand verändert. Auch wenn wir davon absehen, daß schon die Schöpfung als solche, als Akt und als Dasein seines Ergebnisses, ja schließlich eine entscheidende Änderung im Zustand Gottes darstellt [...]." [29] Gerade in dieser angeblichen Zustandsveränderung liegt die extreme Steigerung eines werdenden Gottes.

5.2.1.3 Der *sich sorgende Gott*

Durch die Erschaffung der Welt hat Gott sich auf die Welt eingelassen und war bereit, sich selbst zu verändern und sich hinzugeben. Für die Juden war es schon immer selbstverständlich, dass Gott sich um seine Geschöpfe sorgt, besonders um sein auserwähltes Volk. Doch Jonas betont, dass „Gott kein Zauberer ist, der im Akt des Sorgens zugleich auch die Erfüllung seines Sorgeziels herbeiführt. " [30] Dadurch ist Gott selbst abhängig von den Menschen, überlässt ihnen Handlungsfreiheit und gefährdet sich selbst. Wenn dies nicht so wäre, sagt Jonas, müsste die Welt vollkommen sein, was sie ja eindeutig

---

[28] Jonas, Hans (1987): Der Gottesbegriff nach Auschwitz. Eine jüdische Stimme. S.25
[29] Jonas, Hans (1987): Der Gottesbegriff nach Auschwitz. Eine jüdische Stimme. S.28
[30] Jonas, Hans (1987): Der Gottesbegriff nach Auschwitz. Eine jüdische Stimme. S.31

nicht ist. Daraus kann man entweder schließen, dass es überhaupt keinen Gott gibt, oder, dass Gott etwas von ihm Geschaffenem die Möglichkeit gibt zu handeln.

Wenn aber Gott nicht alleine über die Vorkommnisse entscheidet, stellt sich die Frage, ob er es nicht kann, oder nicht will. Dies führt zur nächsten Konsequenz des neuen Gottesbegriffs.

5.2.1.4 Der nicht allmächtige Gott

Die Allmacht war schon immer eines der wichtigsten Attribute Gottes. Nun behauptet Jonas, dass diese Allmacht nicht gegeben sei. Begründen will er dies durch die „Paradoxie, die schon im Begriff absoluter Macht liegt."[31] Denn Allmacht ist ein „sich selbst widersprechender, selbst-aufhebender, ja sinnloser Begriff."[32] Absolute Macht darf keine Grenzen haben, auch keine Einschränkungen durch andere Individuen. Sie fordert Einsamkeit, da jede andere Existenz die Allmacht bedroht. Kann sie aber nicht auf jemanden einwirken, ist sie gegenstandslos und somit machtlos. Sie existiert nicht. Wird die Existenz eines anderen geduldet, wird die Macht automatisch limitiert, und kann nicht mehr allmächtig sein. Macht drückt immer ein Verhältnis zwischen mindestens zwei Parteien aus. Aber auch aus theologischer Sicht hat Jonas Einwände gegen die Allmacht Gottes. „Göttliche Allmacht kann mit göttlicher Güte nur zusammen bestehen um den Preis gänzlicher göttlicher Unerforschlichkeit, das heißt Rätselhaftigkeit."[33] Die drei wichtigen Attribute Gottes im jüdischen Glauben können wir nicht sinnvoll miteinander vereinen. Die Existenz des Übels ist offensichtlich. Wenn Gott allmächtig, allgütig und verstehbar ist, dann müsste er angesichts des Leids der Welt eingreifen. Besonders wenn wir von Ereignissen wie Auschwitz reden. Sobald zwei der Attribute miteinander verbunden werden, wird das dritte ausgeschlossen. Dies stellt eine drastische Veränderung des Gottesbildes dar. Daraus ergibt sich die Frage, welche Eigenschaft relativiert werden kann, ohne den Glauben zu entmachten. Die Güte Gottes ist ein zentrales Element der Religion. Sie ist untrennbar mit dem jüdischen Gottesbild verbunden und kann nicht eingeschränkt werden. Hier besteht für Jonas kein Zweifel. Die Verstehbarkeit oder auch Erkennbarkeit Gottes ist ein besonderes jüdisches Phänomen. Sie selbst verstehen sich als das auserwählte Volk. Gott hat sich ihnen offenbart und ihnen die Gebote gegeben. Auch wenn eine völlige Verstehbarkeit Gottes an den Grenzen des menschlichen Verstandes scheitert, ist ein verborgener Gott für die Juden keine Option. Jonas sagt hierzu: „Wenn aber Gott auf gewisse Weise und in gewissem Grad verstehbar sein soll (und hieran müssen wir festhalten), dann muss sein Gutsein vereinbar sein mit der Existenz des Übels, und das ist es nur, wenn er nicht all-mächtig ist."[34] Nach

---

[31] Jonas, Hans (1987): Der Gottesbegriff nach Auschwitz. Eine jüdische Stimme. S.33
[32] Jonas, Hans (1987): Der Gottesbegriff nach Auschwitz. Eine jüdische Stimme. S.34
[33] Jonas, Hans (1987): Der Gottesbegriff nach Auschwitz. Eine jüdische Stimme. S.37
[34] Jonas, Hans (1987): Der Gottesbegriff nach Auschwitz. Eine jüdische Stimme. S.39

Auschwitz besteht daran für ihn kein Zweifel mehr, dass das Attribut der Allmacht weichen muss. Doch wie viel Macht bleibt Gott und was bedeutet dies für ihn? Wenn er die Existenz des Bösen duldet und nicht eingreift um der Welt ihre Freiheit zu lassen, hätte er seine Regeln, wenn er gütig ist, spätestens bei Auschwitz brechen müssen.

Da er jedoch nicht eingegriffen hat, bleibt nur eine Konsequenz, „nicht weil er nicht wollte, sondern weil er nicht konnte, griff er nicht ein." [35] Für den jüdischen Glauben war ein handelnder Gott jedoch immer ein zentrales Element. Nur so konnte er seinem auserwählten Volk den Auszug aus Ägypten ermöglichen. Jonas betont hier, dass sich die Ohnmacht Gottes nur auf das Physische bezieht. Eingebungen, Inspirationen der Propheten und der Thora werden nicht in Frage gestellt. Das Böse in der Welt kommt vor allem auch durch den Menschen. Gottes Macht wird dadurch eingeschränkt, dass er die menschliche Freiheit nicht einschränkt. Da ein Dualismus für den jüdischen Glauben undenkbar ist, kann man die Übel nicht einer fremden Macht zuschreiben. „Nur mit der Schöpfung aus dem Nichts haben wir die Einheit des göttlichen Prinzips zusammen mit seiner Selbstbeschränkung, die Raum gibt für die Existenz und Autonomie einer Welt." [36]

Abschließend bezeichnet Hans Jonas seine Erklärungsversuche als Gestammel. Jeder Versuch, Gott zu erklären oder eine Antwort auf die Hiobsfrage zu geben, sei vor dem ewigen Geheimnis, nicht mehr als ein Stammeln. Trotzdem versucht er sich noch an einer neuen Antwort auf diese Frage. Ging es in den vorherigen Erklärungsversuchen um die Machtfülle Gottes, so meint Jonas eine Machtentsagung. Das Leben ist möglich durch Gottes Verzicht. Seine Antwort auf die Theodizeefrage konzentriert sich darauf, dass Gott mit uns leidet und in Hiob selbst. Welche Antwort wahr ist, das vermag Jonas nicht zu sagen. Er hofft aber, dass seine Überlegungen nicht völlig ausgeschlossen sind.

6. Analyse

Hans Jonas Versuch eines Gottesbegriffs nach Auschwitz zeigt, welche starke Zäsur diese Zeit in seinem Denken und seinem theologischen Verständnis hinterlassen hat. Sie sind sein Versuch, weiterhin von Gott reden zu können und eine Antwort auf die schrecklichen Ereignisse zu bekommen. Für ihn kommt eine Bagatellisierung oder Funktionalisierung des Leids nicht in Frage. Es wundert nicht, dass er sich zuerst mit den früheren Versuchen einer Theodizee beschäftigt. Dass das Leid der Menschen als eine Strafe angesehen wird, ist tief im jüdischen Glauben verwurzelt. Es stellt sich hier aber die Frage, ob dieser Lösungsversuch nicht schon immer sehr fraglich war „- im Übrigen auch schon deshalb nicht,

---

[35] Jonas, Hans (1987): Der Gottesbegriff nach Auschwitz. Eine jüdische Stimme. S.41
[36] Jonas, Hans (1987): Der Gottesbegriff nach Auschwitz. Eine jüdische Stimme. S.45

weil sie durch ihr Denk- und Protestverbot den Menschen letzten Endes zum Schweigen verurteilt".[37]

Jede theologische Überlegung und Infragestellung wird durch diese Interpretation ausgeschlossen. Ein blindes Vertrauen und ein blinder Glaube wären hierzu eine Voraussetzung. Zudem kann im Angesicht von Auschwitz unmöglich von einer Bestrafung des Volkes Israel gesprochen werden. Viele Unschuldige und auch Kinder fanden hier den Tod. Diese Opfer dürfen nicht in Vergessenheit geraten. Es muss erlaubt sein, Fragen zu stellen und auch über das Leid zu klagen.

Die Überlegungen von Jonas erscheinen auf den ersten Blick sehr unterschiedlich zu der Tradition. Sie sind jedoch nicht vollkommen neu. Die Unterströmung der Kabbala kennt eine ähnliche Auslegung. Jonas beschreibt seinen eigenen Entwurf als eine radikalere Form des *Zimzum*, im Hebräischen „Kontraktion". Der Schöpfer musste sich hier in sich selbst zurück ziehen, um den Raum für die Welt zu ermöglichen. Nur durch seine andauernde Zurückhaltung, können die endlichen Dinge existieren. Der selbsterdachte Mythos geht über diese Annahme noch hinaus. Hier zitiert Jonas aus einer früheren Schrift. „Nachdem er sich ganz in die werdende Welt hineingab, hat Gott nichts mehr zu geben: Jetzt ist es am Menschen, ihm zu geben." [38] Die Menschen sollen dafür sorgen, dass Gott seine Entscheidung der Welt ihren Lauf zu lassen, nicht bereuen muss. Das Gute soll das Böse immer überwiegen um den Erfolg der Schöpfung zu ermöglichen. Auch in der Kabbala wird die Aufgabe des Menschen als eine *Reparatur der Welt* verstanden, als „Tikum Olam"[39]. Der Mensch ist nicht nur Gottes Geschöpf, er ist ein Partner, der sich zu seiner vollen Größe erheben muss um die Herrlichkeit Gottes zu ermöglichen.

Hans Jonas Allmachtselimination Gottes stößt durch seine Radikalität jedoch auf neue Hindernisse. Wieso sollte man einen Gott anbeten, der angesichts der leidenden Menschheit sowieso nicht helfen kann? Um überhaupt von diesen Dingen sprechen zu können, greift Jonas auf seinen selbsterdachten Mythos zurück. Hier vereinfacht er den Zuhörern, sich auf diese ungewohnten und neuartigen Gedankengänge einzulassen.

Jonas führt hierzu den leidenden Gott an, der sowohl in der christlichen Theologie und auch in der jüdischen tief verwurzelt ist. Laut ihm leidet Gott von Beginn der Schöpfung. Hier entsteht die Differenz zu bisherigen Denkansätzen. Laut ihm gehen die Christen von einem zeitlich begrenzten, punktuellen Leiden aus, das einem bestimmten Zweck dient. Diese Beschreibung wird der christlichen Perspektive jedoch nicht völlig gerecht. Dass er sich von der Vorstellung eines leidensunfähigen Gottes entfernt, ist verständlich. Er schafft einen

---

[37] Schieder, Thomas (1998): Weltabenteuer Gottes. Die Gottesfrage bei Hans Jonas. S.181
[38] Jonas, Hans (1987): Der Gottesbegriff nach Auschwitz. Eine jüdische Stimme. S.47
[39] http://www.hagalil.com/2009/04/zimzum/

sympathischen Gott, der sich mit seinen Geschöpfen solidarisiert. Jedoch tut er dies auf extreme Art und Weise. Hans Küng, ein Schweizer Theologe sagt dazu: „Ebenso entschieden sind Zweifel zu äußern an einem ganz und gar antropomorphen, törichten, menschlich leidenden, gar sterbenden Gott, einem Gott, der nichts mehr zu geben vermag, ja, mit dem der Mensch beinahe seinerseits Mitleid, Erbarmen haben müsste! Dies wäre nicht mehr ein mit-leidender, sondern *bemitleidenswerter* Gott! Auch dieser Gott ist nicht in der Bibel."[40] Gottes Leiden wird als sehr menschlich verstanden. Von einem Unterschied zwischen göttlichem und menschlichem Leiden sollte jedoch ausgegangen werden. Auch Zweifel an der Schöpfung sind aus dieser Sicht unausweichlich, wenn Gott unter ihr ständig leiden muss.

Jonas Argumentation eines werdenden Gottes ist ebenfalls nicht völlig neu, doch auch hier verschärft er die vorherigen Ansätze noch einmal. Er sagt, dass Gott nicht nur von den Geschehnissen auf der Erde alteriert wird, sondern sich sogar *in seinem Zustand verändert*. Dies lässt sich mit dem bisherigen Gottesbild kaum kombinieren, das von einem festen Sein Gottes ausgeht. Zudem würde ein werdender Gott beinhalten, dass er nicht allwissend ist. Er gewinnt lediglich über die Zeit an Wissen und kann sich so weiter entwickeln und sogar lernen.

Ebenso wie die beiden vorherigen Konsequenzen für das Gottesbild steigert Jonas auch den sich sorgenden Gott noch einmal. Er betont, dass Gott kein Zauberer ist und keine Wünsche erfüllt. Dies lässt aber bereits anklingen, dass ein Bitten an Gott im Gebet eigentlich sinnlos ist. Auch wenn Jonas an dieser Stelle von einem stummen Werben Gottes spricht, das die Menschen beeinflusst und er auch die Eingebungen der Propheten nicht aufgeben will, verliert das Gebet hier an Kraft.

Dadurch, dass Gott dem Mensch seinen freien Willen gegeben hat, ist er auch von ihm abhängig. Jonas bezeichnet ihn als *gefährdeten Gott*. Nun hat er bereits einen dauerhaft leidenden Gott geschaffen, der sich durch die Geschehnisse auf der Erde verändern muss, darauf keinen Einfluss hat und durch seine Abhängigkeit von den Menschen als gefährdet gilt. Dieses neu geschaffene Gottesbild klingt nicht mehr nach dem großen Schöpfer. Und doch geht Jonas noch einen Schritt weiter und spricht ihm nun sogar eines der wichtigsten Gottesattribute vollständig ab.

Jonas erläutert, dass Gott nicht gleichzeitig allmächtig, allgütig und - innerhalb der Grenzen des menschlichen Verstandes - verstehbar sein kann. Weder die Güte noch die Verstehbarkeit sind für ihn in Frage zu stellen. Als logische Schlussfolgerung bleibt für ihn nur, Gott die Allmacht abzusprechen.

---

[40] Küng, Hans (2007): Das Judentum. Die religiöse Situation der Zeit. S.721

Der Begriff der Allmacht ist laut Jonas ein Paradoxon. Durch die Anwesenheit eines Gegenüber unterliegt jede Macht einer Begrenzung. Durch den freien Willen des Menschen hat Gott sich weiter eingeschränkt. Soweit wären die Überlegungen zur Allmacht Gottes und zu ihrer Begrenztheit noch nachvollziehbar, wenn auch ein wenig unorthodox. Doch geht Jonas zu weit, wenn er von einer Ohnmacht Gottes spricht? Für ihn ist es der einzige Weg, Gott nach Auschwitz rechtfertigen zu können. Nur ein Gott, der nicht fähig war einzugreifen, ist jetzt noch denkbar. Doch nun hat er einen Gottesbegriff geschaffen, dessen Gott die Welt zwar erschaffen konnte, aber dadurch seine Macht verloren hat und nun ohnmächtig zusehen muss, was mit seiner Schöpfung geschieht. Dies widerspricht dem Gott des Alten Testaments und somit dem jüdischen Gottesverständnis jedoch zutiefst. Durch den Glauben daran, dass er es war, der das jüdische Volk aus der Gefangenschaft befreit hat und es auserwählt hat, ist Gottes Allmacht immer eine Voraussetzung gewesen. Sie ist ein wesentlicher Bestandteil des Glaubens. Zudem stellt sich die Frage, wie ein Gott, der sich im Akt der Schöpfung vollständig hingab, mit dem Gott des Alten Testaments und somit auch dem jüdischen Gott, vereinbar ist. Wie konnte ein machtloser Gott ein Volk erwählen und aus der Gefangenschaft führen? Wie glaubhaft können die erzählten Geschichten hinter diesem Hintergrund noch sein? Jonas geht tief an die Wurzeln des jüdischen Glaubens und wirft viele neue Unstimmigkeiten auf. Im Neuen Testament liegt der Fokus mehr auf der Liebe Gottes, er wird als der fürsorgliche Vater vorgestellt. Doch auch die Christen sprechen in ihrem Glaubensbekenntnis von Gott, dem Vater, dem Allmächtigen, dem Schöpfer des Himmels und der Erde.[41] Jonas entfernt sich aber sogar noch von einer Relativierung der Allmacht. Gott ist machtlos. Dadurch muss er sich die Frage gefallen lassen, ob er nicht anfängt, Gott zu entgöttlichen und den jüdischen Glauben zu gefährden.

Seine Auslegungen beschreiben Gottes Attribute alle auf sehr menschliche Art und Weise. Dadurch, dass Jonas die Verstehbarkeit Gottes nicht in Frage stellen möchte, lässt er außer Acht, dass der menschliche Verstand die Tragweite göttlicher Macht möglicherweise überhaupt nicht nachvollziehen kann. Dass diese Dinge in den Dimensionen Gottes auch anders aussehen könnten, lässt er unerwähnt. Nicht zuletzt, da er eine gewisse Verstehbarkeit Gottes nicht in Frage stellt. Alles Böse und Leid dieser Welt wird von den Menschen selbst geschaffen. Das Geschenk des freien Willens, ausgenutzt und zur Perversion getrieben. Hätte Gott Auschwitz verhindert, oder eingegriffen, wäre Gottes Existenz bewiesen. Der Mensch wäre von der Aufgabe entbunden, den rechten Weg selbst zu finden und sich aus freien Stücken zu ihm zu bekennen.

Es bleibt ein Gott ohne Macht, ein Gott der ständig leidet und ein Gott, der durch seine eigene Schöpfung gefährdet und von ihr abhängig ist. Die Frage, ob ein Gott der nicht

---

[41] https://www.ekd.de/glauben/apostolisches_glaubensbekenntnis.html

eingreifen konnte eine vollständige Ohnmacht mit sich bringt oder nur eine Einschränkung seiner Macht bedeutet, geht Jonas ebenfalls nicht nach. Dies würde zwar ebenfalls eine Nicht-Allmacht intendieren, würde aber keinen hilflosen Gott zurücklassen. Wenn er seiner Schöpfung freien Lauf gewährt, bezeugt dies auch eine Anerkennung seines Werkes und seiner Souveränität. Gewiss mit der Gefahr, dass der Erfolg der Welt von den Menschen mit verantwortet wird.

Jonas Versuch eine Antwort auf die unmöglich zu beantwortende Theodizeefrage zu geben bleibt, wie er es auch selbst beschreibt, „ein Stammeln im Angesichts dem ewigen Geheimnis" [42]. Auch wenn er immer wieder sehr überspitzt und offensiv vorgeht, bleiben seine Gedanken ehrlich und man kann spüren, dass er dieses Leid selbst ertragen musste und so keine andere Wahl hatte, als eine radikale Erklärung zu versuchen. Er selbst kann zu keinem anderen Schluss kommen. Gott kann nicht allmächtig sein, denn dann hätte er eingreifen müssen. Nur so ist Gott für ihn noch denkbar. Jonas Biographie, der Schmerz und die persönliche Betroffenheit spiegeln sich deutlich wieder. Für alle die diese Darstellungen lesen kann dies sehr befremdlich sein. Sie sind provokativ, erfordern ein völlig neues Gottesbild. Dieses ist für einen Menschen der die Ereignisse des 2.Weltkrieges nicht hautnah miterleben musste möglicherweise schwer vorstellbar.

Letztlich gibt es keine Antwort auf diese menschlichen Fragen. Im Angesicht des Leids der Welt sollte man sich auf sein Gegenteil konzentrieren. Schließlich gibt es nicht nur Leid, sondern auch Glück, Liebe und Hilfsbereitschaft, die sich oft besonders stark in Momenten des Unglücks zeigen. Die Wunder der Welt werden für unseren Verstand oft von Unglück und Leid überschattet, auch wenn sie wesentlich größer sind.

---

[42] Jonas, Hans (1987): Der Gottesbegriff nach Auschwitz. Eine jüdische Stimme. S.48

16

7. Literatur

Böhnke, Michael (Hg.) (2007): Leid erfahren - Sinn suchen. Das Problem der Theodizee. Freiburg im Breisgau: Herder (Theologische Module, 1).

Jonas, Hans (1987): Der Gottesbegriff nach Auschwitz. Eine jüdische Stimme. 14. Auflage. Frankfurt (Main): Suhrkamp Taschenbuch Verlag (Suhrkamp-Taschenbuch, 1516).

Küng, Hans (2007): Das Judentum. Die religiöse Situation der Zeit. 6. Aufl. München, Zürich: Piper (Serie Piper, 2827).

Lichtenstein, Heiner; Romberg, Otto R. (Hg.) (1995): Täter - Opfer - Folgen. Der Holocaust in Geschichte und Gegenwart. Bundeszentrale für Politische Bildung. Bonn: Bundeszentrale für Politische Bildung (Schriftenreihe / Bundeszentrale für Politische Bildung, 335).

Rommel, Herbert (2011): Mensch - Leid - Gott. Eine Einführung in die Theodizee-Frage und ihre Didaktik. 1. Aufl. Paderborn: Schöningh (UTB, 3479).

Schieder, Thomas (1998): Weltabenteuer Gottes. Die Gottesfrage bei Hans Jonas. Paderborn, München, Wien, Zürich: Schöningh (Abhandlungen zur Philosophie, Psychologie, Soziologie der Religion und Ökumenik, N.F., H. 48).

Internetquellen (letzter Aufruf: 01.09.2016)

http://www.hans-jonas-zentrum.de

https://www.ekd.de

http://www.hagalil.com

BEI GRIN MACHT SICH IHR WISSEN BEZAHLT

- Wir veröffentlichen Ihre Hausarbeit,
  Bachelor- und Masterarbeit

- Ihr eigenes eBook und Buch -
  weltweit in allen wichtigen Shops

- Verdienen Sie an jedem Verkauf

Jetzt bei www.GRIN.com hochladen
und kostenlos publizieren